escola - 學校 2

viagem - 旅行 5

transporte - 交通運送 8

cidade - 城市 10

paisagem - 地形 14

restaurante - 餐館 17

supermercado - 超市 20

bebidas - 飲料 22

comida - 食物 23

quinta - 農場 27

casa - 房子 31

sala de estar - 客廳 33

cozinha - 廚房 35

casa de banho - 浴室 38

quarto de criança - 兒童房 42

vestuário - 衣服 44

escritório - 辦公室 49

agricultura - 經濟 51

profissões - 職業 53

ferramentas - 工具 56

instrumentos musicais - 樂器 57

jardim zoológico - 動物園 59

desporto - 體育 62

atividades - 活動 63

família - 家 67

corpo - 身體 68

hospital - 醫院 72

emergência - 緊急情形 76

terra - 地球 77

relógio - 鐘錶 79

semana - 週 80

ano - 年 81

formas - 形狀 83

cores - 顏色 84

opostos - 反義詞 85

números - 數字 88

idiomas - 語言 90

quem / o quê / como - 誰/什麼/如何 91

onde - 方位 92

Impressum
Verlag: BABADADA GmbH, Nedderfeld 112 , 22529 Hamburg
Geschäftsführer / Verlagsleitung: Harald Hof
Druck: Books on Demand GmbH, In de Tarpen 42, 22848 Norderstedt

Imprint
Publisher: BABADADA GmbH, Nedderfeld 112 , 22529 Hamburg, Germany
Managing Director / Publishing direction: Harald Hof
Print: Books on Demand GmbH, In de Tarpen 42, 22848 Norderstedt

sala de aulas
教室

dividir
除

186/2

quadro
黑板

pátio da escola
校園

professor
老師

papel
紙

escrever
書寫

caneta
筆

secretária
辦公桌

régua
直尺

livro
書

aluno
學生

mochila

書包

estojo de lápis

鉛筆盒

lápis

鉛筆

afia-lápis

削鉛筆機

borracha

橡皮擦

bloco de desenho

畫板

desenho

圖畫

pincel

畫筆

caixa de tintas

顏料盒

tesoura

剪刀

cola

膠水

livro de exercícios

練習冊

trabalhos de casa

家庭作業

número

數字

somar

加

subtrair

減

multiplicar

乘

calcular

計算

letra

字母

alfabeto

字母表

palavra

字

texto

課文

ler

讀

giz

粉筆

hora

上課

registo de presenças

登記

exame

考試

certificado

證書

uniforme escolar

校服

educação

教育

enciclopédia

百科全書

universidade

大學

microscópio

顯微鏡

mapa

地圖

cesto de lixo

廢紙簍

hotel
飯店

Grand

hostel
青年旅社

casa de câmbio
外幣兌換處

mala
手提箱

carro
汽車

idioma
....
語言

sim / não
....
是/否

ok / certo / correto
....
好的

olá
....
您好

intérprete
....
翻譯人員

obrigado
....
謝謝

quanto é que custa... ?

......多少錢？

não entendo

我不明白

problema

問題

boa noite!

晚上好！

Bom dia!

早上好！

Boa noite!

晚安！

adeus

再見

direção

方向

bagagem

行李

saco

包

mochila

背包

convidado

客人

quarto

房間

saco-cama

睡袋

tenda

帳篷

informação turística

旅行資訊

praia

海灘

cartão de crédito

信用卡

pequeno-almoço

早餐

almoço

午餐

jantar

晚餐

bilhete

票

elevador

電梯

selo postal

郵票

fronteira

邊界

alfândega

海關

embaixada

大使館

visto

簽證

passaporte

護照

transporte

交通運送

avião
飛機

navio
船

carro de bombeiros
消防車

autocarro
公車

camião
卡車

barco a motor
汽艇

bicicleta
腳踏車

carro
汽車

cacilheiro

渡輪

barco

小船

mota

機車

carro de polícia

警車

carro de corrida

賽車

carro alugado

租車

carsharing

拼車

camião de reboque

拖車

camião do lixo

垃圾車

motor

馬達

combustível

汽油

estação de serviço

加油站

sinal de trânsito

交通標識

trânsito

交通

congestionamento de trânsito

交通堵塞

parque de estacionamento

停車場

estação ferroviária

火車站

carris

軌道

comboio

火車

elétrico

路面電車

carruagem

客車廂

helicóptero

直升機

aeroporto

機場

torre

塔

passageiro

乘客

contentor

集裝箱

caixa de papelão

紙板箱

carrinho

手推車

cesto

籃子

levantar voo / aterrar

起飛/降落

cidade

城市

aldeia

村莊

centro da cidade

市中心

casa

房子

cinema
電影院

publicidade
廣告

poste de iluminação
路燈

rua
街道

táxi
計程車

quiosque
小吃店

peão
行人

passeio
人行道

passadeira para peões
斑馬線

caixote do lixo
垃圾箱

cruzamento
十字路口

semáforo
紅綠燈

cabana

小屋

apartamento

公寓

estação ferroviária

火車站

câmara municipal

市政廳

museu

博物館

escola

學校

universidade

大學

banco

銀行

hospital

醫院

hotel

飯店

farmácia

藥房

escritório

辦公室

livraria

書店

loja

商店

florista

花店

supermercado

超市

mercado

市場

loja de departamentos

百貨商店

peixaria

魚店

centro comercial

購物中心

porto

海港

parque

公園

banco

長凳

ponte

橋

escadas

樓梯

metro

捷運

túnel

隧道

paragem de autocarro

公車站

bar

酒吧

restaurante

餐館

caixa de correio

郵筒

sinal de trânsito

路標

parquímetro

停車計時器

jardim zoológico

動物園

piscina

游泳池

mesquita

清真寺

quinta

農場

poluição

污染

cemitério

墓地

igreja

教堂

parque infantil

操場

templo

寺廟

paisagem

地形

folha
樹葉

placa de sinalização
指示牌

caminho
路

prado
草地

pedra
石頭

caminhantes
徒步旅行者

árvore
樹

rio
河

relva
草

flor
花

vale

峽谷

montanha

丘陵

lago

湖

floresta

森林

deserto

沙漠

vulcão

火山

castelo

城堡

arco-íris

彩虹

cogumelo

蘑菇

palma

棕櫚樹

mosquito

蚊子

mosca

蒼蠅

formiga

螞蟻

abelha

蜜蜂

aranha

蜘蛛

besouro

甲蟲

sapo

青蛙

esquilo

松鼠

ouriço

刺蝟

lebre

野兔

coruja

貓頭鷹

pássaro

鳥

cisne

天鵝

javali

野豬

veado

鹿

alce

麋鹿

barragem

水壩

turbina eólica

風力發電機

painel solar

太陽能電池板

clima

氣候

empregado de mesa
服務生

menu
菜譜

cadeira
椅子

sopa
湯

pizza
披薩餅

talheres
餐具

toalha de mesa
桌布

entrada

前菜

prato principal

主菜

sobremesa

甜點

bebidas

飲料

comida

食物

garrafa

瓶子

fast food

速食

comida de rua

街邊小吃

bule de chá

茶壺

açucareiro

糖盒

porção

一份飯菜

máquina de café expresso

義式咖啡機

cadeira alta

高腳椅

conta

帳單

bandeja

托盤

faca

刀

garfo

餐叉

colher

勺子

colher de chá

茶匙

guardanapo

餐巾

copo

玻璃杯

prato

碟子

prato de sopa

湯盤

pires

碟子

molho

醬

saleiro

鹽瓶

moinho de pimenta

胡椒研磨罐

vinagre

醋

óleo

食用油

especiarias

調味料

ketchup

番茄醬

mostarda

芥末

maionese

美乃滋

oferta especial
特價

cliente
顧客

laticínios
乳製品

fruta
水果

carrinho de compras
購物車

talho

肉鋪

padaria

麵包店

pesar

稱重

vegetais

蔬菜

carne

肉

alimentos congelados

冷凍食品

charcutaria

冷盤

comida enlatada

罐頭食品

detergente em pó

洗衣粉

doces

甜食

artigos domésticos

日用品

produtos de limpeza

清潔用品

vendedora

銷售員

caixa

收銀機

caixa

收銀員

lista de compras

購物清單

horário de funcionamento

開放時間

carteira

錢包

cartão de crédito

信用卡

saco

袋子

saco de plástico

塑膠袋

água

水

sumo

果汁

leite

牛奶

coca-cola

可樂

vinho

紅酒

cerveja

啤酒

álcool

酒

cacau

可可

chá

茶

café

咖啡

café expresso

義式濃縮咖啡

capuccino

卡布奇諾

banana

香蕉

maçã

蘋果

laranja

柳丁

melão

西瓜

limão

檸檬

cenoura

胡蘿蔔

alho

大蒜

bambu

竹子

cebola

洋蔥

cogumelo

蘑菇

nozes

堅果

talharim

麵條

esparguete

義大利麵

arroz

米飯

salada

沙拉

batatas fritas

薯條

batatas fritas

炸馬鈴薯

pizza

披薩餅

hambúrguer

漢堡

sanduíche

三明治

bife panado

炸豬排

fiambre

火腿

salame

義大利臘腸

salsicha

香腸

galinha

雞肉

assado

烤肉

peixe

魚

flocos de aveia

燕麥片

muesli

木斯里

flocos de milho

玉米片

farinha

麵粉

croissant

牛角麵包

carcaça (pãozinho)

麵包捲

pão

麵包

torrada

吐司

biscoitos

餅乾

manteiga

奶油

requeijão

凝乳

bolo

蛋糕

ovo

蛋

ovo estrelado

煎蛋

queijo

起司

gelado

冰淇淋

açúcar

糖

mel

蜂蜜

compota

果醬

creme de nougat

巧克力醬

caril

咖哩

casa de quinta
農舍

celeiro
糧倉

fardo de palha
稻草捆

campo
田野

cavalo
馬

reboque
拖車

potro
馬駒

trator
拖拉機

burro
驢

cordeiro
羔羊

ovelha
羊

cabra

山羊

vaca

奶牛

bezerro

小牛

porco

豬

leitão

小豬

touro

公牛

ganso

鵝

pato

鴨

pintaínho

小雞

galinha

母雞

galo

公雞

ratazana

鼠

gato

貓

rato

老鼠

boi

牛

cão

狗

casota

狗屋

mangueira de jardim

花園澆水軟管

regador

澆水壺

foice

長柄大鐮刀

arado

犁

foice

鐮刀

enxada

鋤頭

forquilha

長柄草耙

machado

斧頭

carrinho de mão

獨輪手推車

manjedoura

飼料槽

jarro de leite

牛奶罐

saco

麻布袋

cerca

柵欄

estábulo

馬廄

estufa

溫室

solo

土壤

semente

種子

fertilizante

肥料

ceifeira-debulhadora

聯合收割機

colher

收割

colheita

收割

inhame

地瓜

trigo

小麥

soja

大豆

batata

土豆

milho

玉米

colza

油菜籽

árvore de fruto

果樹

mandioca

樹薯

cereais

穀物

chaminé
煙囪

telhado
屋頂

caleira
落水管

janela
窗戶

garagem
車庫

campainha da porta
門鈴

porta
門

balde do lixo
垃圾桶

caixa de correio
信箱

jardim
花園

sala de estar

客廳

casa de banho

浴室

cozinha

廚房

quarto de dormir

臥室

quarto de criança

兒童房

sala de jantar

餐廳

chão

地板

parede

牆壁

teto

天花板

cave

地窖

sauna

三溫暖

varanda

陽臺

terraço

露臺

piscina

游泳池

máquina de cortar relvado

割草機

lençol

被單

cobertor

床罩

cama

床

vassoura

掃帚

balde

水桶

interruptor

開關

papel de parede
壁紙

imagem
相片

lâmpada
檯燈

prateleira
擱架

armário
櫥櫃

televisão
電視

lareira
壁爐

flor
花

almofada
墊子

sofá
沙發

vaso
花瓶

controlo remoto
遙控器

tapete

地毯

cortina

窗簾

mesa

餐桌

cadeira

椅子

cadeira de baloiço

搖椅

poltrona

扶手椅

livro

書

cobertor

毯子

decoração

裝飾品

lenha

木柴

filme

電影

sistema estéreo

高傳真音響

chave

鑰匙

jornal

報紙

pintura

油畫

póster

海報

rádio

收音機

bloco de notas

筆記本

aspirador

吸塵器

cato

仙人掌

vela

蠟燭

frigorífico
冰箱

microondas
微波爐

balança de cozinha
廚房秤

torradeira
烤麵包機

detergente
洗潔精

forno
烤箱

congelador
冰櫃

balde do lixo
垃圾桶

máquina de lavar louça
洗碗機

fogão

炊具

panela

鍋

panela de ferro

鑄鐵鍋

wok / kadai

炒鍋

frigideira

平底鍋

chaleira

水壺

panela a vapor

蒸鍋

tabuleiro de forno

烤盤

louça

陶瓷鍋

caneca

馬克杯

tigela

碗

pauzinhos

筷子

concha de sopa

長柄勺

espátula

鏟子

batedor de claras

攪拌器

escorredor

濾網

peneira

篩子

ralador

磨碎機

almofariz

研缽

churrasqueira

燒烤

lareira

明火

tábua de cortar

菜板

rolo da massa

擀麵杖

saca-rolhas

開瓶器

lata

罐子

abridor de latas

開罐器

luvas de forno

隔熱手套

lava-loiça

水槽

escova

刷子

esponja

海綿

liquidificador

攪拌機

arca frigorífica

冷藏箱

biberão

奶瓶

torneira

水龍頭

casa de banho
浴室

aquecimento
供暖裝置

chuveiro
淋浴

toalha
毛巾

cortina de chuveiro
浴簾

banho de espuma
泡沫浴

banheira
浴缸

copo
玻璃杯

máquina de lavar roupa
洗衣機

torneira
水龍頭

azulejos
瓷磚

penico
便壺

lava-loiça
水槽

sanita
廁所

retrete turca
蹲便器

bidé
坐浴器

urinol
小便斗

papel higiénico
廁紙

piaçaba
馬桶刷

escova de dentes

牙刷

pasta de dentes

牙膏

fio dentário

牙線

lavar

洗

chuveiro de mão

手持式蓮蓬頭

duche íntimo

沖洗器

bacia

洗臉盆

escova para as costas

洗背刷

sabonete

肥皂

gel de banho

沐浴露

champô

洗髮乳

toalha de rosto

法蘭絨

escoamento

排水

creme

乳霜

desodorizante

除臭劑

espelho

鏡子

espelho de mão

手鏡

máquina de barbear

刮鬍刀

creme de barbear

刮鬍泡沫

loção pós-barba

鬚後水

pente

梳子

escova

刷子

secador de cabelo

吹風機

spray de cabelo

噴髮定型劑

maquilhagem

化妝品

batom

唇膏

verniz de unhas

指甲油

algodão

化妝棉

tesoura para unhas

指甲剪

perfume

香水

nécessaire

洗漱包

tamborete

凳子

balança

計重秤

roupão de banho

浴袍

luvas de borracha

橡膠手套

tampão

衛生棉條

penso higiénico

衛生棉

WC químico

化學廁所

despertador
鬧鐘

peluche
毛絨玩具

carro de brincar
玩具車

chocalho
撥浪鼓

casa de bonecas
玩具屋

presente
禮物

balão

氣球

cama

床

carrinho de bebé

嬰兒車

jogo de cartas

撲克牌

quebra-cabeças

拼圖

banda desenhada

漫畫

peças de Lego

樂高積木

blocos de construção

積木玩具

figura de ação

公仔

fato de bebé

嬰兒服

Frisbee

飛盤

móbile para bebé

床鈴玩具

jogo de tabuleiro

棋盤遊戲

dados

骰子

pista de comboio elétrico

火車模型

chupeta

安撫奶嘴

festa

派對

livro ilustrado

繪本

bola

球

boneca

洋娃娃

jogar

玩

caixa de areia

沙坑

baloiço

鞦韆

brinquedos

玩具

consola de jogos

電玩遊戲

triciclo

三輪車

ursinho de peluche

泰迪熊

guarda-roupa

衣櫃

vestuário

衣服

meias

襪子

meias pelo joelho

長襪

meias-calças

緊身褲

cachecol
圍巾

guarda-chuva
雨傘

t-shirt
T恤

cinto
皮帶

botas
靴子

chinelos
拖鞋

sapatilhas
運動鞋

sandálias

涼鞋

sapatos

鞋

botas de borracha

雨靴

cuecas

內褲

sutiã

胸罩

camisola interior

背心

body

身體

calças

褲子

calças de ganga

牛仔褲

saia

短裙

blusa

女式襯衫

camisa

襯衫

pulôver

套頭衫

camisola com capuz

連帽上衣

blazer

西裝夾克

casaco

夾克

manto

外套

gabardina

雨衣

traje

套裝

vestido

連衣裙

vestido de casamento

婚紗

fato

西裝

camisa de dormir

睡袍

pijama

睡衣

sari

莎麗

lenço de cabeça

頭巾

turbante

包頭巾

burca

波卡

cafetã

卡夫坦

abaya

(阿拉伯式)長袍

fato de banho

泳衣

calções de banho

男式泳褲

calções

短褲

fato de treino

運動服

avental

圍裙

luvas

手套

vestuário - 衣服

botão

鈕扣

óculos

眼鏡

pulseira

手鏈

colar

項鍊

anel

戒指

brinco

耳環

boné

便帽

cabide

衣架

chapéu

帽子

gravata

領帶

fecho de correr

拉鍊

capacete

安全帽

suspensórios

背帶

uniforme escolar

校服

uniforme

制服

babete

圍兜

chupeta

安撫奶嘴

fralda

尿布

servidor
伺服器

armário de arquivo
檔案櫃

impressora
印表機

papel
紙

ecrã
螢幕

rato
滑鼠

secretária
辦公桌

pasta
資料夾

teclado
鍵盤

cesto de lixo
廢紙簍

computador
電腦

cadeira
椅子

caneca de café

咖啡杯

calculadora

計算機

internet

網際網路

computador portátil

筆記型電腦

carta

信件

mensagem

簡訊

telemóvel

行動電話

rede

網路

fotocopiadora

影印機

software

軟體

telefone

電話

tomada elétrica

插座

fax

傳真機

formulário

表格

documento

檔案

comprar

買

pagar

付錢

negociar

交易

dinheiro

現金

dólar

美元

euro

歐元

yen

日元

rublo

盧布

franco suíço

瑞士法郎

renminbi yuan

人民幣

rupia

盧比

caixa de multibanco

提款處

casa de câmbio

外幣兌換處

ouro

金

prata

銀

petróleo

石油

energia

能源

preço

價格

contrato

合約

imposto

稅金

ação

股票

trabalhar

工作

empregado

職員

entidade patronal

老闆

fábrica

工廠

loja

商店

agente da polícia
警官

bombeiro
消防員

cozinheiro
廚師

médico
醫師

piloto
飛行員

jardineiro

園丁

carpinteiro

木匠

costureira

裁縫

juiz

法官

químico

化學家

ator

演員

motorista de autocarro

公車司機

motorista de táxi

計程車司機

pescador

漁夫

empregada de limpeza

清洗女工

telhador

屋頂工

empregado de mesa

服務生

caçador

獵人

pintor

畫家

padeiro

麵包師

eletricista

電工

construtor

建築工人

engenheiro

工程師

talhante

屠夫

canalizador

水管工

carteiro

郵差

soldado

士兵

arquiteto

建築師

caixa

收銀員

florista

花農

cabeleireiro

理髮師

controlador de bilhetes

售票員

mecânico

機械技師

capitão

船長

dentista

牙醫

cientista

科學家

rabino

拉比

imã

伊瑪目

monge

和尚

pastor

牧師

profissões - 職業

martelo
鐵錘

alicate
鉗子

chave de fendas
螺絲起子

chave inglesa
扳手

lanterna
手電筒

escavadora

挖掘機

caixa de ferramentas

工具箱

escadote

梯子

serra

鋸子

pregos

釘子

broca

鑽機

reparar
修

pá
鏟子

porcaria!
糟糕！

pá de lixo
畚箕

pote de tinta
油漆桶

parafusos
螺絲

instrumentos musicais
樂器

altifalante
揚聲器

bateria
打擊樂器

guitarra
吉他

contrabaixo
低音提琴

trompete
小號

piano

鋼琴

violino

小提琴

baixo

貝斯

timbales

定音鼓

tambor

鼓

teclado

電子琴

saxofone

薩克斯風

flauta

長笛

microfone

麥克風

entrada
入口

tigre
老虎

gaiola
籠子

zebra
斑馬

ração animal
動物飼料

panda
熊貓

animais

動物

elefante

大象

canguru

袋鼠

rinoceronte

犀牛

gorila

大猩猩

urso

熊

camelo

駱駝

avestruz

鴕鳥

leão

獅子

macaco

猴子

flamingo

紅鶴

papagaio

鸚鵡

urso polar

北極熊

pinguim

企鵝

tubarão

鯊魚

pavão

孔雀

cobra

蛇

crocodilo

鱷魚

guarda do jardim zoológico

動物園管理員

foca

海豹

jaguar

美洲豹

pónei

矮種馬

leopardo

豹

hipopótamo

河馬

girafa

長頸鹿

águia

老鷹

javali

野豬

peixe

魚

tartaruga

龜

morsa

海象

raposa

狐狸

gazela

羚羊

futebol americano
橄欖球

ciclismo
騎腳踏車

ténis
網球

basquetebol
籃球

natação
游泳

boxe
拳擊

hóquei no gelo
冰球

futebol
美式足球

badminton
羽毛球

atletismo
田徑

andebol
手球

esqui
滑雪

polo
馬球

saltar
跳

rir
笑

abraçar
擁抱

andar
走路

cantar
唱

sonhar
做夢

rezar
祈禱

beijar
親吻

escrever
書寫

desenhar
畫

mostrar
展示

empurrar
推

dar
給

tomar
拿

ter

有

fazer

做

ser

當

ficar de pé

站

correr

跑

puxar

拉

remessar

丟

cair

摔倒

deitar

躺

esperar

等待

carregar

攜帶

sentar

坐

vestir

穿衣

dormir

睡覺

acordar

醒來

olhar para

看

chorar

哭

acariciar

擊

pentear

梳頭

falar

交談

compreender

明白

perguntar

問

ouvir

聽

beber

喝

comer

吃

arrumar

清理

amar

愛

cozinhar

做飯

conduzir

開車

voar

飛

velejar

航行

calcular

計算

ler

讀

aprender

學習

trabalhar

工作

casar

結婚

costurar

縫

escovar os dentes

刷牙

matar

殺

fumar

抽菸

enviar

寄

avó
祖母

avô
祖父

pai
父親

mãe
母親

bebé
嬰兒

filha
女兒

filho
兒子

convidado

客人

tia

阿姨

tio

叔叔

irmão

兄弟

irmã

姐妹

testa
前額

olho
眼睛

ombro
肩膀

dedo
手指

cara
臉

queixo
下巴

mão
手

peito
乳房

perna
腿

braço
手臂

bebé

嬰兒

homem

男人

mulher

女人

menina

女孩

menino

男孩

cabeça

頭

costas

背部

barriga

肚子

umbigo

肚臍

dedo do pé

腳趾

calcanhar

腳後跟

osso

骨頭

anca

臀部

joelho

膝蓋

cotovelo

手肘

nariz

鼻子

nádegas

屁股

pele

皮膚

bochecha

臉頰

orelha

耳朵

lábio

嘴唇

boca

嘴

dente

牙齒

língua

舌頭

cérebro

腦

coração

心臟

músculo

肌肉

pulmão

肺

fígado

肝臟

estômago

胃

rins

腎臟

relações sexuais

性交

preservativo

保險套

óvulo

卵子

esperma

精子

gravidez

懷孕

menstruação

月事

vagina

陰道

pénis

陰莖

sobrancelha

眉毛

cabelo

頭髮

pescoço

脖子

hospital
醫院

ambulância
急救車

cadeira de rodas
輪椅

fratura
骨折

médico

醫師

serviço de urgências

急診室

enfermeira

護理師

emergência

緊急情形

inconsciente

昏迷

dor

痛

ferimento

受傷

hemorragia

出血

ataque cardíaco

心臟病發作

acidente vascular cerebral

中風

alergia

過敏

tosse

咳嗽

febre

發燒

gripe

流感

diarreia

腹瀉

dor de cabeça

頭痛

cancro

癌症

diabetes

糖尿病

cirurgião

外科醫師

bisturi

手術刀

operação

手術

CT

電腦斷層掃描

raio x

X光

ultrassom

超音波

máscara

口罩

doença

疾病

sala de espera

候診室

muleta

拐杖

penso rápido

石膏

ligadura

繃帶

injeção

注射

estetoscópio

聽診器

maca

擔架

termómetro

體溫計

nascimento

出生

excesso de peso

超重

aparelho auditivo

助聽器

desinfetante

消毒液

infeção

感染

vírus

病毒

HIV / SIDA

愛滋病

medicamento

藥物

vacinação

接種疫苗

comprimidos

藥片

pílula

藥丸

chamada de emergência

急救電話

dispositivo de medição de
pressão arterial

血壓計

doente / saudável

生病/健康

Socorro!

救命！

alarme

警報

assalto

突擊

ataque

攻擊

perigo

危險

saída de emergência

緊急出口

Fogo!

失火了！

extintor de incêndios

滅火器

acidente

意外

estojo de primeiros socorros

急救箱

SOS

呼救訊號

polícia

員警

Europa

歐洲

América do Norte

北美洲

América do Sul

南美洲

África

非洲

Ásia

亞洲

Austrália

澳洲

Atlântico

大西洋

Pacífico

太平洋

Oceano Índico

印度洋

Oceano Antártico

南冰洋

Oceano Ártico

北冰洋

Polo Norte

北極

Polo Sul

南極

Antártica

南極洲

terra

地球

país

陸地

mar

海

ilha

島

nação

國家

estado

州

mostrador do relógio

錶盤

ponteiro das horas

時針

ponteiro dos minutos

分針

ponteiro dos segundos

秒針

Que horas são?

現在幾點？

dia

天

tempo

時間

agora

現在

relógio digital

電子錶

minuto

分

hora

時

segunda-feira
週一

quarta-feira
週三

sexta-feira
週五

MO

W

FR

TU

TH

SA

sábado
週六

SO

quinta-feira
週二

quinta-feira
週四

domingo
週日

ontem

昨天

hoje

今天

amanhã

明天

manhã

早晨

meio-dia

中午

entardecer

晚上

dias úteis

工作日

fim de semana

週末

chuva
雨

arco-íris
彩虹

vento
風

neve
雪

primavera
春

verão
夏

outono
秋

inverno
冬

4.APRIL	11°	☀
5.APRIL	4°	☁
6.APRIL	13°	☁
7.APRIL	8°	☀
8.APRIL	10°	☀

previsão do tempo

天氣預告

termómetro

溫度計

raios de sol

陽光

nuvem

雲

neblina / nevoeiro

霧

humidade do ar

潮濕

relâmpago

閃電

trovão

打雷

tempestade

風暴

granizo

冰雹

monção

季風

inundação

洪水

gelo

冰

janeiro

一月

fevereiro

二月

março

三月

abril

四月

maio

五月

junho

六月

julho

七月

agosto

八月

setembro

九月

outubro

十月

novembro

十一月

dezembro

十二月

formas

形狀

círculo

圓形

quadrado

正方形

retângulo

長方形

triângulo

三角形

esfera

球體

cubo

立方體

branco

白

amarelo

黃

laranja

橙

rosa

粉

vermelho

紅

lilás

紫

azul

藍

verde

綠

castanho

棕

cinzento

灰

preto

黑

muito / pouco

很多/少許

furioso / calmo

生氣/平靜

lindo / feio

美/醜

princípio / fim

首/尾

grande / pequeno

大/小

claro / escuro

明/暗

irmão / irmã

兄弟/姐妹

limpo / sujo

乾淨/骯髒

completo / incompleto

完整/缺失

dia / noite

白天/晚上

morto / vivo

死/生

largo / estreito

寬/窄

comestível / não comestível

可食用/非食用

mau / gentil

邪惡/善良

entusiasmado / entediado

興奮/無聊

gordo / magro

胖/瘦

primeiro / último

第一/最後

amigo / inimigo

朋友/敵人

cheio / vazio

滿/空

duro / macio

硬/軟

pesado / leve

重/輕

fome / sede

餓/渴

doente / saudável

生病/健康

ilegal / legal

非法/合法

inteligente / burro

聰明/愚笨

esquerda / direita

左/右

perto / longe

近/遠

novo / usado

新/舊

nada / algo

沒有/有些

velho / jovem

老/幼

ligado / desligado

開/關

aberto / fechado

打開/闔上

baixo / alto

安靜/吵鬧

rico / pobre

富/窮

certo / errado

對/錯

áspero / liso

粗糙/光滑

triste / feliz

傷心/高興

curto / longo

短/長

lento / rápido

慢/快

molhado / seco

濕/乾

ameno / fresco

溫暖/涼爽

guerra / paz

戰爭/和平

0

zero

零

1

um

一

2

dois

二

3

três

三

4

quatro

四

5

cinco

五

6

seis

六

7

sete

七

8

oito

八

9

nove

九

10

dez

十

11

onze

十一

12

doze

十二

13

treze

十三

14

catorze

十四

15

quinze

十五

16

dezasseis

十六

17

dezassete

十七

18

dezoito

十八

19

dezanove

十九

20

vinte

二十

100

cem

百

1.000

mil

千

1.000.000

milhão

百萬

inglês

英語

inglês americano

美式英語

chinês mandarim

普通話

hindi

印地語

espanhol

西班牙語

francês

法語

árabe

阿拉伯語

russo

俄語

português

葡萄牙語

bengalês

孟加拉語

alemão

德語

japonês

日語

eu

我

tu

你

ele / ela

他/她/它

nós

我們

vós

你們

eles / elas

他們

quem?

誰？

o quê?

什麼？

como?

如何？

onde?

何處？

quando?

何時？

nome

名字

atrás

後面

em

裡面

à frente de

前面

sobre

上方

em cima

上面

debaixo

下麵

ao lado

旁邊

entre

中間

lugar

地點